박희자 투병 에세이

비로소 눈물이 달콤하다 3

박희자 지음

1부 투병 에세이-나 아팠다 아이가!
2부 앞으로 50년 끄떡 없다 아이가!

강건문화사

소중한

-- 에게

저자 박희자 드립니다.

시집은 **책**이 아닙니다
마음에서 우러나는
정성이 담긴 **선물**입니다

강건문화사 [作家 태현白]

[작가의 말]

낯선 손님이 불쑥 찾아와 칠순 할매를
놀라게 합니다.

1년 동안 아산과 원자력 병원을 안방
드나들 듯하며 이젠 다 낳았습니다.
절 때 못 옵니다 그놈!

그래서 오늘 여러분과 함께 웃으며
즐겁게 놀려고 합니다.

저자 박 희 자 드림

1부
투병 에세이
나 아팠다 아이가!

14   이상한 휴가

16   어짜까나

18   인생 칠십 15 개월 전

20   아산성

22   수술 17 일째

24   태 풍 그 놈

27   할부 1 번

29   육팔 소녀의 하루

32   아~하

34   병원 가는 날

36   근 신

38   2019.10.27.03 시에

41   시월의 마지막 밤을 보내며

42   너랑 나랑

44   새벽을 연다

46   둘째 첩싸이

48   변 덕

목 차

50 외 출
52 내 몸은 내 몸이 아니로소이다
54 2019년 12월 7일 0시 6분에
56 아산 정주영
58 항암 5회 끝나고 일주일
60 나쁘지만 않아
62 아이갸~또!
64 안다고 다 몰라
66 여덟 번째 입원하는 날
68 20200202일
70 마음이 변해서
72 입원 전야
74 보이지 않는 너
76 여기는 송광사
78 200314 초저녁 7시에
80 비상사태
82 다노모시 열두 번 끝
84 난 아프다
86 이른 새벽
87 일 년 동안
88 그 후 일 년
90 하루의 시작

2부
앞으로 50 년
끄떡 없다 아이가!

95 밤에 우는 매미
96 여름 휴가
98 내 생애 어느 날
100 과연
101 육구 인생
102 백수 인생
103 열흘 살이
104 애견 하니
106 외 로 움
107 순천만 정원
108 박희자 엘리트사장님
110 코로나 19
113 매니저 구함
114 육십 팔세의 자존심
116 청 사 포
119 동백이
120 의 욕 |이 세상과 요 세상|

목 차

122 첫 사 랑
124 행복은
126 오늘 하루에
130 지금은 준비 중
132 오십보백보
133 단 풍
134 박 희 자
136 세월
137 자 정
138 나의 오른팔
140 진 통
141 자꾸만 땅겨
142 천 직 – 교복인생
144 육팔 소녀의 일기
146 외 돌 개
148 망막의 세월
149 새벽 세 시의 나
150 부탄여행
152 울 어머니

| 11부 | 투병 에세이

나 아팠다 아이가!

이상한 휴가

수백 들여
국내 여행해 보셨나요

작년에 찍어놓은 사진하나
때문에

하얀 병원 백 병원에 누워
내과 외과 교수님 기다리며

여름휴가를 보냅니다
고가의 검사를

나의 의견도 묻지 않은 체
황공하게도

이틀을 꼬박 검사만 하고 있네요
부처님 하느님

그럴지라도
퇴원하는 날 활짝 웃으며 집으로

갈 수 있도록 약속하소서
주여!
관세음보살!

어짜까나

아직은 아닌데
미친 듯이 살아온 내 인생에
빨간불이 켜졌다

왜?
오던 길 이젠 그냥 익숙하게
가려는데..

외롭고 아프고 서러운 길을
주시냐고 원망은 않으련다

이 또한
내 운명이라면 묵묵히
헤쳐나갈 것이다

살아오면서
막 부려먹었던 내가...
나에게 미안할 뿐

요샌
요런 거
병도 아니다

난 박희자이고

인생 칠십 15 개월 전

열다섯 소녀가
섬에서 육지로 나오는 순간부터
부모형제가 있으나
쌀을 사기 위해 세상이 내미는
그물에 손을 내밀고.
그 덕에 사는 요령을 배워..
칠십에 15 개월 앞둔 지금
문턱 없이 조금은 쉬며 살리라
운명의 신은 배가 아프신가
내 키의 절반이나 되는 문턱을
나에게 안긴다
그러나 난 박희자이다
까짓 문턱 발로 뻥 차 버리고
앞으로 스무 살만 더 먹고 갈끼다

19 년 8 월 3 일
서울 아산병원 입원을 앞두고.

아산성

그 옛날
정씨 집안에 어떤 이는
고향 사람들 주린 배 채워주려고
수십 마리의 소를 몰고 고향을
찾아갔다는 …
그런데 오늘 나는 일면식도
없는 그의 아산성에 들어와
이틀째 밤을 보내고 있다
내일 지나 모래면
나의 뱃속에 들어앉아 있는 놈을
추방할 것이고 두 번 다시
돌아오지 못하게 할 것이다
병원 곳곳에 그분에 생전흔적이
그냥 마음이 아리다
대한민국 1번 병원을 지어놓고
모든 이들을 아프지 않게 한
그분은 진정 사업 정신으로만은
아닐 것이다

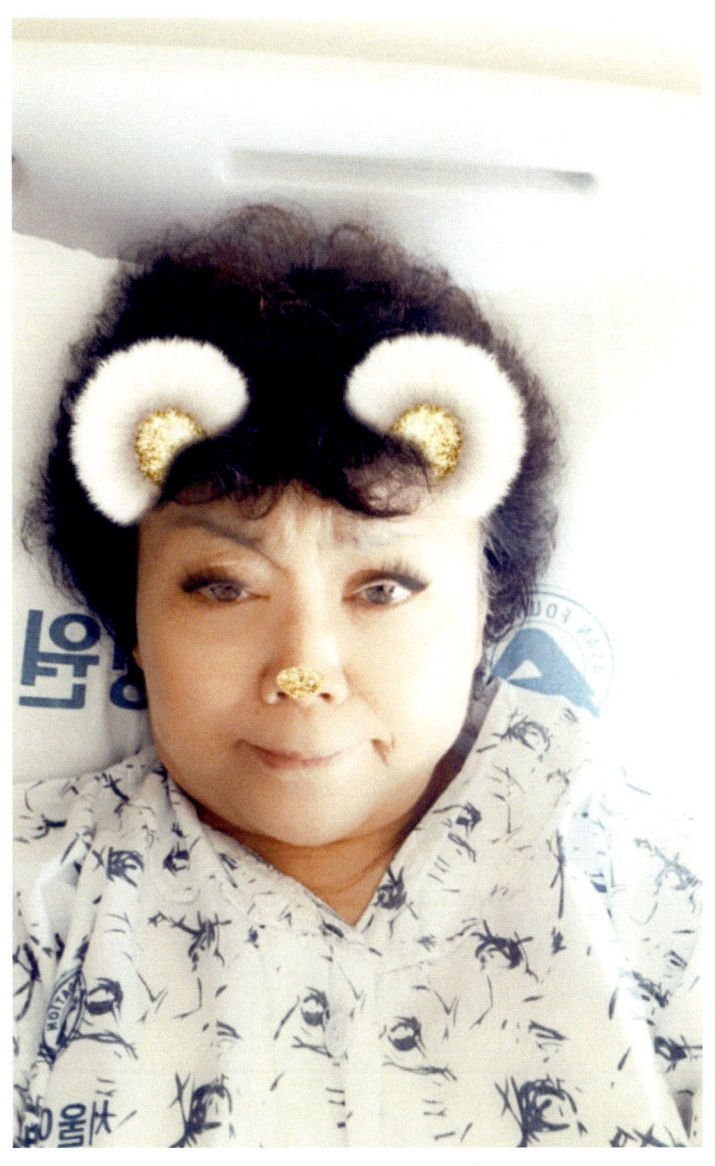

수술 17 일째

아프다
내 인생에
날 벼락인가
대 지진인가

그러나 원망은 없다
이게 나의 인생길에 지나야 할
길이라면 묵묵히 받아들여야겠지

그래 지금부터는
나만 받은 최우수상
남은 삶은 보너스로 생각하고 살자

최고의 연인으로 모시며
원하는 데로 시키는 대로 따르리라
그만해도 나의 성질이 온순해진 걸까
세상사 이해가 쉽다... ㅎ

나에게 이런 무서운 병이 찾아올 줄
꿈에라도 생각했을까
허나 발로 차서 가지 않을 놈이라면
친구 하리라
그리여 친구야
니캉내캉 잘 묵고 잘살자 우짜겠노

태풍 그놈

전국을 헤집어 놓고 간
어제의 태풍이란 놈
반갑지 않은 그를 친구하여
부산과 서울을 왕복하였네
하루 만에

서울서 수술하고 부산에서
여섯 달 할부치료를 하였더니
수술 부위에 물이 고였다고
서울 가서 빼고 오라네
태풍처럼 얼굴 구기고 아산성에
달려갔더니

주치의 하시는 말씀
열이 나거나 아프지 않으면 상관없으니
아무 걱정하지 말고 치료받으라고
아싸~ 하고 퍼뜩 부산 쪽 병원에
전화 예약부터 해놓고

태풍아 ~부산가즈아 !! 출발~
그래서 지방과 서울의 의료수준이
십 년 차라 했던가
고로
할매와
운전기사 아들
베라크루즈 차
태풍이란 썩을 놈 그렇게 넷이
하루종일 붙어서 서울과 부산을
왕복하였다는 사연 ....

서울 갈 땐 안전한 게 최고라고
부산 올 땐 큰일 아니라고
울매나 다행이고 함시렁 휴게소마다
들려 아침에 못 먹은 밥 꼬빼기로
묵으며 왔다 아잉교.

그동안 빗소리 참 좋아했는데
온종일 차 천장을 두들겨 패는
태풍 빗소리에 귀에 모따까리
앉아 삐고 징글징글 허요

옆 차들이 고인 물치고 가는 바람에
죽을 뻔하길 여러 번
태풍 요놈 다신 오지 말기를

할부 1 번

지척에 집 두고
왜 여기 602 호에 와서 누워 있을까
주치의가 씌워준 열 개의 할부모자를
한 개씩 벗기위해 ...

난!
2 주에 한 번씩 이 집에 와야 한다
그 고통이 얼마인지

무엇을 변하게 할지 두렵기만 하다
하지만
살기 위해 지나야 할 터널이라면
기꺼이 들어가리라

다인실 한 귀퉁이 한 평 남짓
곧 다가올 그 무엇을 기다리며
한 평이 백 평만큼 횅하다

육팔 소녀의 하루

일 번 손님께서
내 몸을 훑어가신 후
그렇게도 힘들었는데
나흘이 지나고

오늘은
하나뿐인 내 동생이 찾아와
이쁜 짓 하는 바람에
하나도 아프지 않고 지나간다

얼마 만인가
맛난 것도 먹고 송정해변도 걸어보고
내가 언제 아프기나 했었나
이제 열한 번의 손님들이 줄 서서 기다리는데…

잘 대접해서 보내드리고
두 번 다시 날 찾지 않도록 손가락 걸고
맹세하리라
이자슥아 또 오면 패지긴다이!!

아~하

살다가 보면
아파서 좋은 것도 있더라
내가 우선이고
내가 갑이더라

아~하
살다가 보면
아파서 기분 좋은 것도 있더라
평소에 나를 이겨 먹던 것들이
무조건 내가 최고라네

아~하
살다가 보면
갸 때문에 모든 걸 내려놓으니
이 세상 만물이 나를 위해 있고
나에게 골코롬 못돼먹은 아시도
무조건 언니 말이 맞고
언니가 최고라 하네

이 얼마다 행복한가
이 나이에 누가 나만 최고라고
할 것이며
나를 위해 지 쏘가지 다 삼키겠는가
그래서 난 슬프지 않단 말이요 흠!

병원 가는 날

소풍 가는 아이 마냥
설레는 마음

아침부터 재래시장 가서
밑반찬과 모시떡도 사놓고

병원에서 걸려온 전화 병실 났으니
두 시까지 입원하란다

독한 놈이 내 몸에 들어갔을 때
2차에선 과연 어떤 반응을 할까

지켜보리라
네놈의 행동을 그리고 너의 약점만
꼭 잡아서 주리를 틀 것이다

흠. 난 절대로 너 따위에게 지지 않아

근 신

할매는 꼼짝없이 근신 중
남아도는 힘 팔도를 돌다
면역력 저하 독방에 분리
호텔 따로 없다 한 대 맞자
자고 나니 오 인실 가라네.

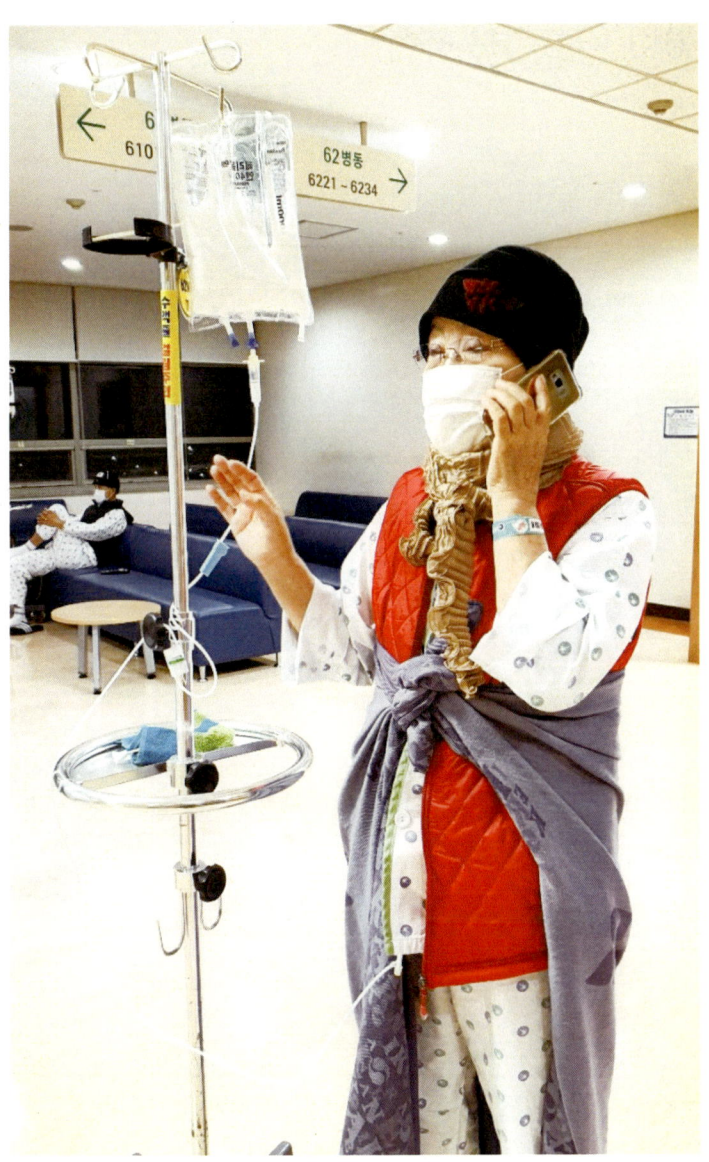

2019.10.27.03 시에

2차 입원 5일 차
예정대로는 어제 퇴원해야 되는데
아직 항암 주사조차 맞지 못하고 있다

미열이 있고 컨디션이 좋지 않고
그래서 항암 주사와 내 몸에 반응을
병원에서는 주시하고 있나 보다

그러다 엊저녁에 밥상머리에서
옆 병상 딸내미한테 한 방 먹었다
암 환자가 어디 시중에 파는 떡볶이
를 사다 먹고 튀김을 먹냐고
집에서 깨끗한 기름이면 몰라도…
하며 거침없이 나무란다

우야겐노
알았다 인자 조심할 게
욕먹고 사과하고
그래도 화나지 않는 건 그이는

환자가 둘이나 된다
아기가 되어버린 팔순 노모
항암조차 할 수 없고 치매마저 와서
도리가 없다
거기다 남편까지 항암을 받고 있으니

그이가 날 볼 때 이제 신입인 나의
철없는 식사가 얼마나 한심했을까
그래서 나의 친구들이 항암에 대한
설교를 할 때면 자존심이 상해
버럭대던 나도
예 쌤 명심하께예!

그리고는 한숨 자다 깨어 이 시간에
후나 노래 이어폰으로 들으며
폰에다 톡톡 인다

후나는 열 간병인 못지않다 오빠야!

낙엽
아니고 단풍
그기 그거다 하지마소
듣고있는 단풍
기분 나쁘오
아직 나를 저따위와 비교
하지마라   앙쿠오

가을이야기
2019. KB

시월의 마지막 밤을 보내며

19년 시월은 68년 내 인생에
혹독한 달이었다
이제 훨훨 날아보자
힘들게 부려먹은 나에게 보약만
먹이며 살아갈 것이다
요깟 것 문제없다
나에게 청춘을 돌려주리라!!!

너랑 나랑

너랑 나랑은 마지막 연인
어쩔 수 없이 널 사랑하고
어쩔 수 없이 동거하지만
수많은 사람 중에 날 선택한 너
너의 선택이 환자복 입은 나를
카우보이로 환생하여 웃음 짓게
하는구나
이쁘다 고맙다 이제 고이 가거라
이제 날 찾지 않아도 된다
아니 절대 원망 않으리라 가거라

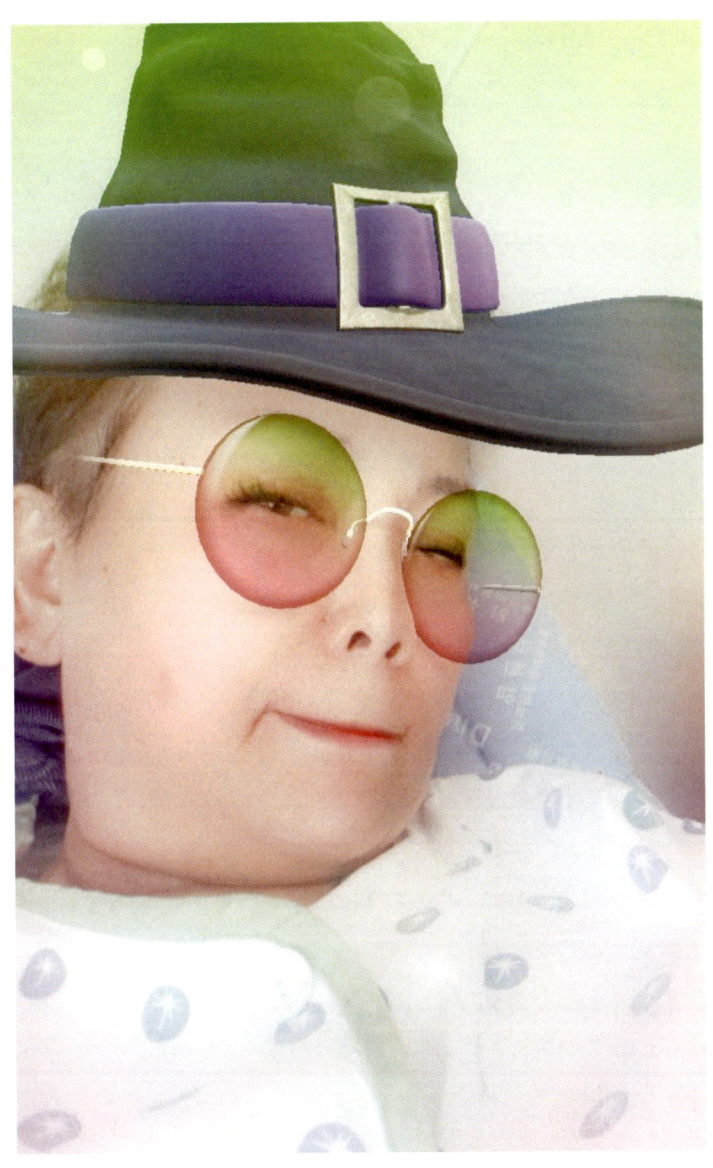

새벽을 연다

요양병원의 하루
평생을 바쁘게 살았을 환우들
여기서도 바쁜 하루가 시작된다

5인실의 3인.
내가 입원하는 날 가족이 되었다
오십 대 초반의 미모의 환우
대장암 수술은 했으나 1프로의
암세포가 남아있어 투병 중이다

또 한 명 육십 대 초반의 환우
매일 걷는 게 최고의 운동을 하며 짬짬이 시간 내어
손자 돌잔치를 준비하느라 분주하다

새벽 다섯 시 반이면 두 사람 다 나가고
나 혼자 병실을 지킨다
평생을 가족과 사회생활에 뒤처지지
않기 위해 살아왔을 그들이
나쁜 균 하나로 인하여

이젠
죽을힘을 다해 자신의 건강만을 위해
뛰고 있다

둘째 첩싸이

첫째 집에서
융숭한 대접을 받고
3박 4일 항암하고

둘째네로 오니
또 난리 났네

햄요
얼굴 좋네예

말도 마라.
임신 초기 마냥 미식 거린다

요약 조약
좋다는 건 혈관에 배꼽에 다 들어가네

애기 마냥 어리광부리며
일주일은 둘째 첩싸이 집에서 끝.

이여인은 누구십니까

세상에 별난여자 입니다
못 하는게 없읍니다
노름도 잘 합니다
춤도 잘 춥니다
쪼께이 아픔니다.
전북여자가 좋아 합니다

변 덕

변덕이 죽 끓듯 하네
어제는 청사포 모래가 푸르고
동백이 꽃잎이 이쁘고 하더니
오늘은 힐 마루 병원 밥이
도저히 못 먹겠다고 또 투정이다
왜?
호텔급 식사가 또 눈 밖에 난 걸까
남녀 요리사들이 분주히 만들어서
챙겨주는 밥인데
딴 환우들은 잘 들도 먹건만
왜 난 저렇게 먹지 못하나
담 주에는 둘째 첩싸이 집은 빼 삐자
집에서 없는 찬에 먹는 것보다
더 못 먹으니 내 맘 시키는 대로 하자!!

2019 _ 11 _ 24 _ 04 _ 30 분
꼬맥이 누이의 일기 _홈!!

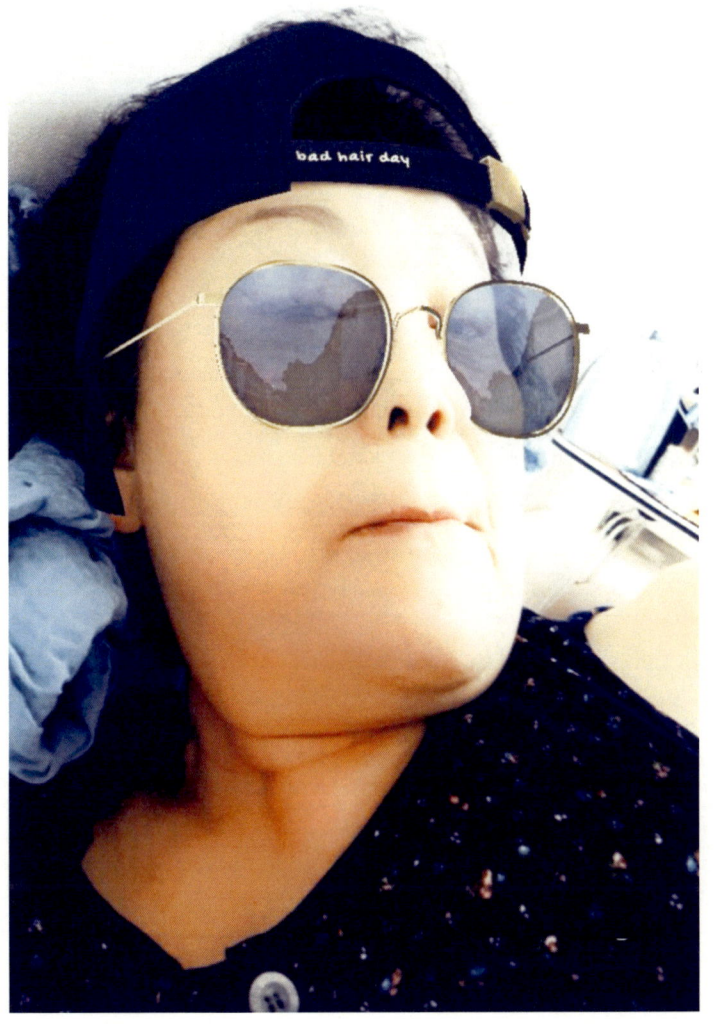

외 출

내일 둘째 첩싸이 집에서
퇴원하는 날
오늘은 일요일이라
치료시간도 없고 외출 신청하고
환자 티안나게 변장을 하고
오전 열 시부터 오후 세 시까지
아~~싸 경마장 가는 길에
김밥 집에 들러 참치김밥 한 줄 사고
오랜만에 말밥 주러 ~~알면 다치오
알바생 야단치다 알게 되어
수억은 아니고 친구 만나 밥 한 끼 먹는
정도로 말밥 주고 오지만
유일한 스트레스 해소법이고 보면
남한테 권할 건 아니지만
나한테는 보약 먹이고 미안하면

그만큼 열심히 한다고 자부한다
나 주위에 지인들에게는
절대 비밀이지만 이젠 뭐 알아도 ~흠

내 몸은 내 몸이 아니로소이다

내 몸이라 내 몸인 줄 알았습니다
컨디션 좋은 날
매장에서 여섯 시간을 일했습니다
다음 날 아침 원자력 병원에 검사
왔다가 바로 입원당했습니다
면역력 수치가 떨어져 독방에
갇혀 버렸습니다
하던 일이라 생각 없이 일했는데
또 일이 터졌습니다
온밤을 몸살기로 바둥댔는데
면역 주사가 사람을 그렇게
힘들게 하네요
그렇게 육 개월을 지내야 합니다
이제 한 달 보름 지났습니다
내가 내 몸을 잘못 부렸으니
나에게 모든 책임이 있습니다
세상사 다 내가 책임지고 가야겠지요
그래서 오늘도 이렇게 독방 살이를
하고 있습니다

2019년 12월 7일 0시 6분에

자다 깨어 이 글을 쓴다
19년 7월부터 내 몸에 일어나는 일들…

암이라는 단어에 소름 돋고 무섭지만
이제 준비를 하자
그놈과 맞설 준비를

그놈이 좋아하는 건 하지 말고
그렇다고 쫄지 말고
당당하게 웃으며 즐겁게 맞설 것이다.

상황을 그때그때 메모하며
그 글이 모여서
비로소 눈물이 달콤하다 3탄이
될 것이다

난 슬프지않아요
난 아프지않아요
난 지금 리모댈링중
난 꽃피는 춘삼월에
훨훨 날아서 이팔청춘
될꼬야!

아산 정주영

새벽 4시에 일어나
아들 하나
딸 하나 옆에 차고
해운대서 서울 아산병원까지
아들은 운전하고 딸은 뒷좌석에서
엄마를 보호하고.
한 치 앞이 안 보이는 12월의 안개를
걸어가며 병원에 도착하니
외래 환자들이 피난민처럼 밀려다닌다
예약시간 30분 경과 후 진행상황판에
내 이름이 뜬다
아싸~ 샘요! 괜찮십니꺼?
예 시티 결과가 좋습니다ㅎ
내년 삼월에 또 봅시다

아산 정주영 왕궁은 언제나 나에게
희망을 준다
다섯 번 끝나고 일곱 번 남았으니

까이꺼 퍼뜩 끝내자

난! 박희자거든

항암 5 회 끝나고 일주일

식욕이 증가하여 무척 좋다
제발 식욕이 떨어지지 않았으면
발병하고 10 키로나 빠져버린
몸무게 가벼워 좋긴 하지만 행여
다른 병이 오지 않을까 조심스럽고
해서 지금 상태로 부디 완치되길 빌어본다
이제부턴 몸이 시키는 데로
운동 열심히 하고 일은 줄이자
남들 다하는 백 세 ~~ 끄떡없다
아이가~ 큰소리치지 말고 겸손 하겟

나쁘지만 않아

2020년 1월 6일에 밤 8시쯤에
어제 일요일 가퇴원해서 집에 왔다
이제 여섯 번 끝났으니 절반은 왔다
엄마가 아픔으로 세 아이들이
흔들렸을 것이다
그런데도 이젠 자신들이 가야 할 길을
찾아가는 것 같고
엄마를 위해주는 게 눈에 보인다
나 역시 혼돈의 시간이 지나고
투병 중에도 자신감을 가지고 살 것이다
매사에 긍정적으로 여태껏 부려
먹기만 한 내 몸을 위하고 위하여
아프지 않게 하고
현실을 순응하며 억울해하지 않고
이것도 행복이다 하며
난! 내가 하고 싶은 거 다 해보고
붉은 노을 곱게 피는 날
후회 없이 떠나가리라
삼십 년 후에—흠!

아이갸~또!

큰소리만 치고 나면
쑤그리! 하네
어제 아침 예약된 7 차 항암치료
받으러 병원에 왔는데
백혈구 수치가 많이 내려가
수치 올리는 주사 맞고 집에
가든지 아니면 격리실에 입원하라네
집에 가는 것보다 입원 하는 거로
주치의와 합의? 보고 격리실로
들어 왔는데 ——
밤새도록 간호사 쌤들을 괴롭혔다
혈압은 바닥으로 떨어지고
이 약 저 약 수시로 내 몸으로
들어갔지만 혈압은 정상이 되지
않고 아침이 되어서야
혈액검사결과 200 에서 1600 으로
오르고 혈압도 세 자리 숫자로 올랐다
꿈같은 하룻밤 만약 내가 고집부려
집에 갔더라면 ——

그 밤중에 누가 나를 그렇게 위해서
순식간에 내려가 버린 혈압과
백혈구 수치를 올려 놓을 수 있을까
이제까지는 낯설기만 하던
병원이 친정집처럼 정겹기만 하다

안다고 다 몰라

여섯 번 만났으니 만만해
일곱 번째 너 맘대로 가니
맛 좀 봐라 퇴원 후 어메요
꼼짝없이 누워 우짜겠노
인자 시키는 대로 할라요.

여덟 번째 입원하는 날

아침 일곱 시 반에
여행 가방 아니 입원 가방 들고
집을 나왔다
하니한테 잠시 이별을 통보하고
해운대서 병원까지 이십 분 고속도로..
도착하니 체혈 순서 2번 후딱 엑스레이까지
찍어 불고 검사결과를 기다린다

부디 3박 4일로 입원일이 결정되면
다행이고 아니면 입원 날짜가 길어진다

그래도 어쩌랴
이만하길 다행으로 신께 감사하자

커피 반만 넣은 바닐라라떼를 주문해서
마시며 느긋하게 앉아서
간호사가 내 이름 부르길 기다린다

여덟 번째 입원하는 날……

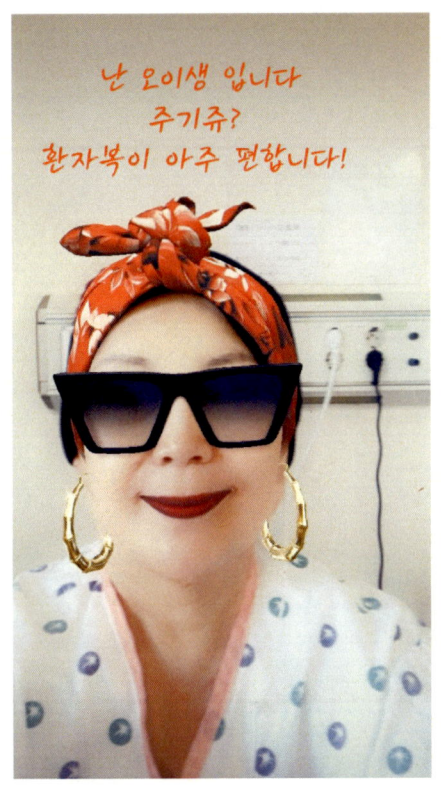

20200202 일

이월 이일이면
평생 꿈나무들 옷 입히느라...
올해는 다르다
여덟 번째 내 몸에 독한 약들을
쏟아붓는 삼박 사일 일정을
완수하고 집에 돌아가는 중에
가게에 잠깐 들려 잘하고 있는
큰놈한테 습관처럼 잔소리해놓고
집으로 스며든다
어지럽고 주저앉을 듯 힘이 없다
이제 1,2,3,4 만 남았다
니들을 못 이기랴
아직 할 일이 많으니 꼭 이겨 내리라

마음이 변해서

9차 항암 중에는
너무나 힘들에 퇴원하면

연예인들처럼
매니저 구해서 전국을 돌며

맛난 거. 좋은 구경.
혼자가 아닌 외롭지 않게 살자

했으나 퇴원하니 그 정도는
안 해도 서럽지 않을 것 같아

조금 수위를 낮추자
저혈압으로 힘든 것도 괜찮아지고

비보험으로 입맛 나는
약을 먹으니 입맛도 나아지고

이제 세 번 남았으니
네깟놈! 문제없다! 흠!

입원 전야

이상한 괴물 코로나
너는 누구냐

한없이 늘어져 버린 요즘
평생을 아침 먹고 출근하던

습관을 뭉개버리고
하루종일 집안에서 요로쿵
조로쿵

아까 병원에서 확인 전화 왔다
내일 입원 할 거냐고 열은 없냐고

세상이 거꾸로 돌아간다
하늘이 두 쪽 나도 개학일 늦출 수
없는데
코로나께서 일주일을 늦추셨다
그래서
2월 말에 교복쟁이가 항암 받으러

입원을 해도 신입생 교복

못 입힐까 봐 걱정은 붙들어 맸다
코로나!
니참 대단한 기라.!!!

옛날에 2월 그믐엔 교복 만든다고
밤샘했다 아이가~

보이지 않는 너

너의 힘이 대단하다
세상사 돌아가는 속도가

십 분의 일로 팍 줄었는데도
모두들 너의 눈치만 본다

언제 땅속으로 숨어들려나 하고
면역이 떨어질수록 너에게

고개를 숙이며 아부해 본다
난 아이다 오지 마라

그렇게 4박 5일 동남권 원자력 호텔에서
투숙하고 퇴원했다

평생을 바쁘게 살고 정신없이
몸을 혹사해오다

종이 한 장 뒤에 칠십을 앞두고
아픈 몸과 사회적 분위기가

쉬라고만 한다
그라제 어쩌겠는가 그래 볼 것이여

20.03.03 열 번 찍고 두 번 남았다

여기는 송광사

송광사 마당에
동글동글 한 그림자는
다가오는 사월초파일
행사준비로 아직 불이 들어있지
않은 등 그림자
한두 시간만 외출해도
힘들어했는데 오늘은
매니저 덕분인가
부산에서 송광사 찍고
벌교에서 꼬막 정식 먹고
집에 오니 밤 아홉 시
나의 멋진 컨디션에 찬사를 보낸다

200314 초저녁 7 시에

새로운 법을 지키며
자신의 건강을 빈틈없이 돌보고

부디 이웃들의 건강을 걱정하고
꼭 가야 할 곳만 슥슥슥 지나쳐

집으로 돌아온다
오늘은 무다이 바지락국이 묵고지버

해금된 바지락에 정구지 한웅쿰 사서
하니가 기다리는 우리집으로 가즈아!

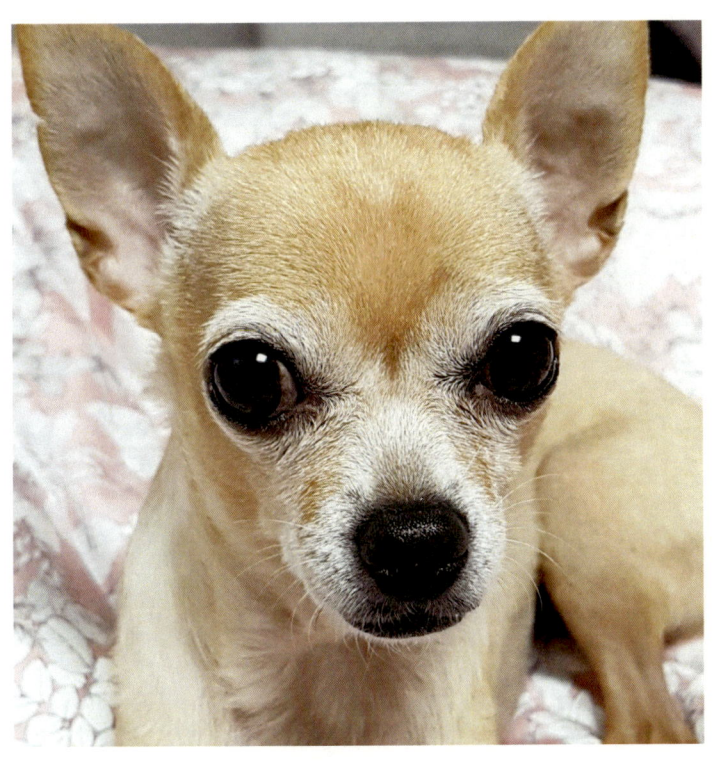

비상사태

육이오 터지고
이 세상에 태어나

비상사태 속에 철이 들더니
육십 년을 넘게 살다 또

나만의 비상사태를 맞이하다
그러나
요까짓 거 하며 열한 번을 넘겼는데

이젠 세계적인 비상사태이다
코로나에 놀라고 확진자 숫자에
매일 놀라는 비상사태

부디 사월 초에 나의 비상사태가
열두 번째로 끝날 즈음에
온 세계가 놀라고 있는
세계적인 비상사태가 꼭 물러가길
빌어 본다

다노모시 열두 번 끝

이 세상에 태어나
열심히 살아온 죄로

여름휴가 아니면 휴일 외에는
아침 출근을 안 해본 적이 없는데

인생 칠십을 눈앞에 두고
다노모시 열두 번이 내 앞에 다가왔다

어쩌랴 같이 가자
머리가 빠지고 살이 십 킬로씩 빠지고
평지를 걸어도 푹푹 주저앉아지고
들어가고 나오는 음식물들이
주위를 피해 주며 나온다 아프다..

그래도 다 이겼다
이제 회복만 하면 된다
겸손한 자세로 그놈을 잊지 말며

그놈 좋아하지 않는 거만 챙기며

열받지 않을 것이며
지금부터는 나만을 위한 삶을
살아볼 것이다
길면 이삼십 년~십 년만 살아도
억울하지는 않을 것이다 흠!!!

난 아프다

이제 그만하자
할 만큼 했다 아이가
온갖 수단으로
날 괴롭히더니 어쩌라꼬
조금만 걸어도 주저앉아야 되고
폰에 글자도 못 만들게 하니
널 만나 패 지기고 싶다
인자 고마 헤어지자
니가 떠나는 날 쌍수 들고
환영하리라
제발 날 아프지 않게 해도고 으잉

이른 새벽

강생이 하니의 머리를
만지며 잠에서 깨다

이제 항암도 끝났고
자연식의 집에도 9 박 10 일로

교육이 끝났으니
이제부터 무엇에 집중하려나

아직도 손끝 발끝 저림이
끝나지 않았고

아픈 곳은 많은데 그래도
여태껏 일하던 습관이 무섭다

일 년 동안

너 박희자
마이 놀랐겠다
억수로 힘들었겠다
무척 자존심 상했겠다
하지만 우짜겠노 인생이
다 그렇다드라 태어나는 건
열 달의 여유가 있지만
죽는 건 누구도 장담 못 하니
넘어진 김에 곱게 리모델링 하여
마음 가는 데로 살다가 아쉬움이
없을 때 행복한 미소 띠며 떠나자

그 후 일 년

육십 팔 년을 살고
작년 이맘때 종합병원

진단명이 나의 정수리를 때린다

남의 일일 뿐이라고
난 건강하다고 으스대던 내가

턱도 아니게 췌장암 2 기라네
울지도 못하고 정신 차리자....

내 새끼들 앞에선 괜찮아하며
서울과 부산을 숱하게 오르내린 지

일 년 만에 수술과 열두 번의 항암을
마치고 한 달여 휴식 중 약간씩의
후유증도 있지만 견디는 중이다
반백의 머리도 이쁘게 나고 있고

내팽겼던 평생 업도 한두 시간씩
거들며 다 빠져 버린 근력 운동도

조금씩 하고 강생이 하니와 지지고
볶으며 하루하루 꿈꾸듯이 살고 있다

처음이니 견디어냈지 두 번은 자신 없다
허나 불안감은 아니다

내 나이 몇인데 지금 죽은들 여한은
없고 또 지금부터 건강관리 잘해서

백 살 고개 웃으며 넘지 말라는 법은
없지 않은가

오늘도 이케야 가구매장을 쇼핑으로
멋진 화분다이를 사다가 꽃을 올려놓고
몇 번이고 봐도 정말 이쁘다

초저녁에 잠들었다 새벽에 깨어

하루의 시작

아침에 눈 뜨면
행여 데려갈까 눈치보며

누워있는 하니한테는
전혀 눈길을 주지않고 일어나

콩물과 선식을 섞어 마시고
여행용 양주통에 생수를 넣고

이어폰을 귀에 꼽고 후나오빠
노래를 들으며 산으로 간다

약간의 오르막이 땀나게 하고
폭포사 입구 쯤 가면
흐르는 땀에 범벅이 된다

양운폭포를 바라보며 물 몇 모금
들이키면서 긴 호흡을 한다

혹시라도 내 몸속에 나쁜놈이 있걸랑
어서 나가거라 ....

나 처럼 걱정없는 사람 있으면 나오이라!

목적지에 다다르면 지압 십분하고
통나무에 앉아 약간의 스트레칭을
하고 하산 한다

귀에는 후나의 노랫소리가 나의 흥을
돋구고 내려오는 발길이 가볍다

반세기를 직업 없이 살아본 적이
없기에...

시간에 관계 없이 오늘의 스케줄을 짠다
인생의 내리막 너무 좋다
정상을 쳐봤기에 집에 보리쌀
열 닷되가 있기에 밥걱정이 없는
백세인생을 기대해 본다 흠!

― 나오이라는 나오너라 갱상도 말임더.

| 2부 | 앞으로 50 년
끄떡 없다 아이가!

밤에 우는 매미

난 소화가 안 되어
저녁 먹고 산책 중인데

나무에서 악을 쓰며
울고 있는 저 매미는

배가 고파 우는 걸까
먹이 구하러 간 어미가

오지 않아 우는 걸까
어두워지는 밤하늘에

먹구름은 밀려오는데…

여름 휴가

우리는 휴가입니다
일 년 장사가 끝났으니
휴가 들어갑니다

학생들 여름방학에 맞추어서 하는 게
맞겠지만 전 세계가 비상사태라
어정쩡한 휴가입니다

챙겨주지 못한 휴가비는
가는 이조차 왜라고 하지 못합니다
그냥 눈치 보며 3주 정도 쉬고

내년을 준비합니다
굴곡 없는 사업이 있으랴 마는
자식한테 물려주지도 못합니다

앞이 보이지 않는 사업이 돼버렸습니다
그래서 몇 년을 더 아이와 장사

해보고 그래도 하겠다고
하면 재고정리와 입출금 정확히 하여
넘겨줄 생각입니다

난
실한 톨 없이 시작했지만
부모의 어설픈 사업장이 내 아이
가슴에 못이 될 수도 있지 않을까 해서.

내 생애 어느 날

내가 태어나서
여섯과 아홉 숫자가 되는 해

칠월의 어느 날
저녁 먹고 하니와 누워 보이스트롯을

시청한다
세상에 미운놈 코로나 너때문에

온세상 사람들이
취미생활들이 바뀌어 가고 있다

방에서 즐길 거리만 찾고 있고
트롯방송만 보며 위로받고 있으니

어쩌랴
나도 하니랑 일찌감치 침대에 누워
애꿎은 리모컨만 몸살이 난다

과연

큰 벼락 맞고 나니
사는 거 별거 아니더라

반세기를 출근하다
출근 안 해도 밥은 먹더라

손에 쥐었던 거 놓고 나니
날아갈 듯 어깨가 가볍다

과연
이렇게 살아도 되는 걸까

하니랑 외출하여 보라색 꽃이
화려한 양란 화분 하나를 사 들고

콧노래 흥얼거리며 집으로 간다

육구 인생

살아보니
지금이 내 인생에 황금기

살고 보니
지난 시절 걱정이 수두룩하고

살고 나니
육십 년 세월 너 정말 수고했다

이제부터
고민과 슬픔은 사절한다

이제부턴
행복 기쁨 즐거움만 나에게 오도록!

백수 인생

오늘 밤 열두 시 금수 금식
낼 아침 아홉 시 위의 민낯
그러면 이 년은 끄떡없다
큰 벼락 맞고 뒤늦은 조심
건강 지켜 백수 인생 가자.

열흘 살이

전국에서 모여 그날부터
한 가족이 되고 같은 집에서
한솥밥을 먹습니다

깊은 산중이라 멧돼지도 만나고
산딸기도 따 먹으며 등산도 하고
아주 고급스러운 자연식을
삼시 세끼 먹으면서 살다가
열흘이 되는 날 자기 집으로 갑니다

애견 하니

어느 딸년이 이만하랴
어느 아들놈이 요만하랴
하루종일 따라다니며 나의
비위를 맞추네
안방에 누워 있으면 곁에 눕고
부엌에 가면 따라와서 앉아있다
산책길도 앞장서서 나의 눈치를 본다
세상에 이쁜 놈이 다
사람이 옆에 있는 건 귀찮으니
천상 하니야 니캉 내캉 고마 살자

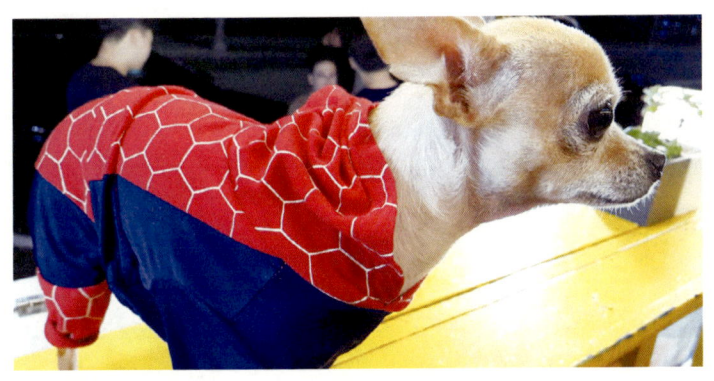

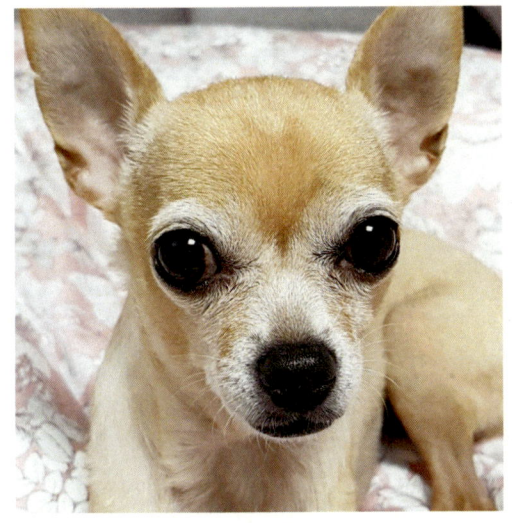

외로움

꽃 피는 오월인데도
비는 오고 바람 불고
토요일 아침에
침대에서 일어날 이유가 없다
밤새 보지않은 폰도 조용하다
티비에서는 이태원 클럽 뉴스
가 나오고 폭우가 쏟아질거라 하고
손흥민 너는 못하는 거 뭐니?
든든한 대한민국 아들 당신을
보며 웃습니다

순천만 정원

어제 어느 분의 선행으로
흥분이 가시지 않아
아침에 일일 매니저를 불러
일단 전라도로 출~발
순천만으로 가즈아
근데 여기서 또 행운이
다섯 잎 클로버 나의 눈에
여러분은 한 번이라도 보셨는가
생각해보니 요것도 원각이 덕분 같소

박희자 엘리트사장님

안녕하세요?

저는 양운중학교 행정실장이었던 유영숙입니다.
작년 6월 말로 정년퇴직해서 쉬고 있답니다

사무실 책상 정리하면서~
버릴까? 주신 건데 함 읽어볼까? 망설이다가 들고 온~

사장님께서 주신 시집
"비로소 ~달콤하다 2"

무심코 보다가
앉은 자리에서 끝까지 보게 되네요

진솔하게 쓰신 많은 부분이 공감되면서~

개성공단 사건 등으로 서로 힘들었던 일들도 생각나고요

사장님 참 대단하신 분이십니다

2016, 2018 학년도분. 2번의 교복 납품하실 때, 이 일에 잔뼈가 굵어지셨을 텐데~
나름 진실하신 분이라고 느꼈던 이유가~
이런 글을 쓰고 계셨기 때문이군요

요즘 코로나로 인해서 더욱 힘들지는 않으신지요?

박 사장님 앞날에 항상 행운이 함께 하시길 빕니다~☆

코로나 19

코로나 너 때문에
환장 하것다

너를 대면 않으려고
하루종일 집에서 소꿉살이 하다
깜빡 잠들었는데

아침인 줄 알고 깨어 교복밴드를
보니 주관구매용 바지가 나와 있다
아싸 빨리 매장에 가서 확인하고
찜해야지 하고___

그때 시간은 7시 반쯤 문제는

저녁 시간을 아침 시간으로 본 것
매장에 가보니 간판 불도 복도 불도
켜져 있는 것이다
요놈들 봐라 불도 안 끄고 갔네

기왕에 왔으니 수선이나
해주고 가자 하고 2시간 정도
수선을 했는데도 밖이 어둡다
분명히 9시 반인데 해가 뜨지 않고
깜깜하다 _ 와카노 아이고야
밖에 나와보니 만두집도 퇴근했고

간판집도 퇴근했네
혼자 너털웃음 웃으며 밤 아홉 시에
퇴근한다 흠.
아침인 줄 알고 갔다가.....

매니저 구함

밥같이 먹어줄 놈
여행같이 갈 놈
아침에 나의 집으로
출근하여 손바닥만 한
내 집 청소 말끔히 해주고
맛집 찾아 고!고!
기왕이면 젊은 놈이 좋고
운전은 필수이고
동해안 남해안 서해안
몇 바퀴 돌아보고
우선 계약은 일 년 살아보고
좋으면 연장하고 아니면 바꾸고
됐나!!!!! 흠,

육십 팔세의 자존심

연예인 모델광고 하는

이쁜 옷?
이쁜 구두?

오늘 찾는 날
맞춤 한 지 8주 만에

얼마나 나를 변하게 할까
굴속으로 들어간 지

오십육일 만에
드디어 세상에 나오는 날이다

커트와 파마를 거처
마지막 커트를 한 뒤 거울 속에 나

육팔 소녀는 아니고
육팔 중년? 이 정도면 괜찮지임

지긴다이!!
이제 움츠리지 말고 날개를 펴자

콩알만 해졌던 자존심을
풍선만 하게 부풀려

화려한 나의 노을 속으로
힘껏 날아보자 우라차차 !!!

청 사 포

푸른 모래 포구 청사포
농부와 어부가 어우러져
살아가는 도시 속에 농어촌

가파른 고개 하나 넘으면
해운대 신도시
정점에 나의 첩싸이 두 번째 집이다

보험이 없으면 그 집을
사용하기가 힘들고 그 금액에 맞추어
적당히 환우들이 호사하고 나오는 집

좋다는 건 다 있다 식사도 호텔급이고
양 · 한방이 다 갖춰져 있고
각자의 보험금에 맞춰 사용한다

구십 프로 보험금에 본인부담금
십 프로
난 한 달에 일 주일짜리 두 번 쓴다

항암에 지친 나를 온갖 약과 주사
맛난 음식으로 달래는 것이다
덕분에 차를 타지 않고는
올 수 없던 거리를 오늘 걸어서
청사포 입구에서 걸어야만 볼 수 있는

풍경을 보며 길거리 찻집에 들러
유자차 한잔 들고 돌아본다

한 치 앞을 모르는 게 인생길이라 하던가
혼자 요양병원에는 운동 산다 시산 적어 놓고

두 시간 동안 청사포를 휩쓸지 누가
생각이나 했을까

멀쩡한 대문만 뜯어내고
찻집이 되어있고
그물망 쳐놓은 밭고랑에는 퍼런무우
윗동이 베어먹으면 들큰할것같아
입에 침이 고인다

등대 안에 매여진 낚싯배는 낚시꾼을

기다리고
배와 배 사이에는 어설픈 낚시꾼이
낚시를 하고 있지만 폼만 좋을 뿐...

이 모양 저 풍경을 보며
청사포 구경 한번 잘했네 클클클.

동백이

한겨울에 피어나는
동백이

터질듯한 너의 꽃봉우리
속엔 무엇이 있을까

집으로 돌아오는 길에
아무도 몰래

꺾어버린 동백이
우야겐노 동백이 니가
너무 좋다

우선은 물통에다
꼽아놓고 바라만 봐도 좋다

의 욕 |이 세상과 요 세상 |

이 세상 살기가 그렇게
바쁘더니

언제부터인가

요 세상을 살기 위해 한걸음
또 한 걸음 오늘 세 걸음을 떼고

오히려 요 세상이 익숙하다
빠진 머리가 부끄럽지 않고

한두 걸음 때 한방에서 지내던
환우들이 친정 동생 보듯이
반갑고...

그런 나를 보며 새삼 느끼는 건
익숙해져 가는
세월 속에 머리만 끄떡이며
살아가면 될 것이야....

첫 사 랑

1970년도 나의 첫사랑
그땐 공장에서 월급쟁이 시절이라

데이트는 일 끝나고 남몰래 만나
전차로 열 구역이나 되는 거리를

손잡고 걸어만 가도 너무 좋다
집 앞에서 눈 한번 맞추고
부끄러워 집으로 쏘~옥

어쩌다 그의 집에 가면
홀어머니와 여섯 동생들 정겹게
사는 모습이 느껴져 흐뭇한 표정으로
집에 오기도 했고

그런데 왜 그와는 맺어지지 못했을까
아마 돈은 없으나 잘난 놈
그게 큰 이유였고 또 결혼식은
그가 먼저 했으므로

그때 난 여지없는 낙동강 오리 알
시원하기도 섭섭하기도

그리고 육십이 넘은 요즘에
일 년에 서너 번 전화 안부를 묻는다

단디해라 마누라한테 쪼끼난다이!
잘난 놈도 늙으면 짜다리 볼 거 없더라

알았다 다 내가 잘못 했응께
우야든동 건강하고 행복해라

써글노미 니나 아프지 마라 나야 뭐 흠!!!

행복은

마음먹기 달렸더라
누군가는
저 여인 어쩔 거나 하겠지만
이맘은 아니올시다
이제까지 매여 있던 올가미를
훌훌 풀어버리니
너무나 오히려 계기를 준
그놈에게 감사드린다
어차피 올 거면 고맙다고
어제 나의 하루는
새벽 3시에 부산서 출발 남해미조항에서
선상 낚시....ㅎ
배에 타는 순간 선실에서 환자로 누워
일행들 고기 못 잡는다고 투덜거리며
편안한 자세로 휴대폰으로
라후나 흠! 공연을 본다 지기네
간식도 맛나고 경치도 지기고
오는 길에 삼천포 휴게소에 들려
이쁜 기사 월척 못한 피곤함에

한숨 재우고 나 혼자 핫바 입에 물고
어슬렁거리다 무명가수 라이브
마이크를 빼앗아 한 곡 뽑아 버렸다

이만하면 최고인생 아이가~

오늘 하루에

내 말 좀 들어보소
내 아는 여자가요
이쁜 기사 운전석에 앉혀 놓고
아침 열 시에 해운대를 출발하여

부산 ~ 포항 고속도로를 타고
동해안을 쫘~악 달려서
강구항에 도착
새해맞이 다녀올 때 한 번씩 들리는

대게 집에서 비싼 대게 한 마리씩
뽑아 먹어 불고
옆에 있는 삼사 해상공원 드라이브
부처님이 부르시는지
포항 보경사로 출발 ~ 오목조목

이쁘기만한 경내에서 천국에 들어온 양
두 손 모아 비옵니다
부처님 저의 소원을 꼭 하나만 비옵니다

건강! 건강! 아님 강건! 강건!

우야든동
그라고는 집으로 돌아오는 중
길을 잘못 들어
영천 만불사로 가 다 아잉교
우짜겠노
부처님 삐치시기 전에 목욕 한번
시켜 드리공
억수같이 쏟아지는 비와 함께
해운대로 돌아 왔심더

누가시켜 갔으면 아마 ....안 봐도 흥
박희자의 하루살이였습니다

지금은 준비 중

52년에 세상 나와서
72년까지는 부모님께 착한 딸로
이천년까지는 서방과 새끼들에게
헌신하고
이천십구년까지 사업에 올인하여
돈도 벌고 최우수상도 받았으니
이천삼십년까지는
내 멋대로 살리라
하고픈 거 가고픈 데 다 하고...
그래서 24평 살던 집 내 수준엔
왕궁으로 만들어 놓고
아름다운 노년을 스을슬 ~
천천히 준비해서
이천이십년 일월 일일부터 출발!!

오십보백보

오십 보 밖에 못 왔다고
슬퍼 말아요
이쁜 사랑 만나서
행복한 삶이었잖아요
백 보에 성공하신 당신
힘드셨나요
이제부턴 느긋한 여유로
이쁜 미소 돌아보세요

단 풍

단풍아
이쁜 단풍아
너의 화려함 뒤에는 그 무엇이냐
화려함을 한없이 뽐내다가
끝내 낙엽이 되어 흙으로 가려느냐
그럼 나는 어디쯤일까
단풍이냐 낙엽이더냐 중간쯤?

박 희 자

왜
새벽에 잠 깨어
박희자 본인을 궁금해 하는가
과연 후회 없는 삶을 살았을까
두 세 방울 나의 흔적 들이
부유한 삶을 살기를 원치 않는다
지금에 내 나이 때
속이 허하지 않는 인생이 되었으면
그 옛날 제주도 외갓집에 갔다가
도리지호 여객선 타고
부산 집으로 오는 중에 작은 태풍이
와서 전라도 해안으로 피신 했을 때다
구내매점에 먹을게 동이 나고
난 외할머니가 만들어 주신
미숫가루 자루를 머리에 베고 누워
흠 ~ 난 걱정 없다
일주일은 살 수 있는 미숫가루가
있으니....흐흐
인생이 살아가는데

그렇게 많은 돈이 필요할까
내 그릇 만큼의
내 행동이 자유로울 만큼에 여유
그게 날 행복하게 할 것이다
지금 시각 새벽 다섯 시
티비에 일만 원 주고
돈
이라는 영화를 보며……끄적거린다

세월

나이 숫자 따라가는 세월이여
누가 부른다고
뒤도 안 돌아보고 따라오느냐
멀찍이 떨어져라 난 네가 싫다
어제의 평화가 오늘의 불만을 만들고
영원 할 것만 같던 풋정이
한순간 꿈이런가
어디를 믿고 누구를 원망하랴
이 모든 건
세월이란 염치없는 놈의 짓인걸.

자 정

오늘이 어제로
현재가 과거로
바뀌는 이 시간
무엇이 아쉬워
잠 못 드는 걸까
고등 래퍼 보고
할매 고마 자소

나의 오른팔

아프고 나니
그의 소중함을 알았습니다
아프고 나니
그의 하루 일과가
엄청나게 많았습니다
아침에 일어나면서
시작되는 그의 노동은
이 신새벽에도 휴대폰 자판을
두드립니다
어깨 통증이 느껴지는 순간
이젠 아껴 쓰지 않으면
안 된다는....
직업병이 되어 찾아온 그를
어떻게 대접해야 할까
아프고 보니
오른팔을 무지막지하게
부려먹었나 봅니다
샤워 후 머리하나 말리는데도
엄청난 혹사를 시킵니다

건강할 때 몰랐던
오른팔의 하루 일과가
아파보니
아끼려고 맘먹고 보니
고장이 날수밖에 없는
시스템이었어요
그렇게 육십 고개를 넘었으니
아플 수밖에 없는
불쌍한 나의 오른팔입니다.

진 통

올봄은
왔는가 가고 있는가
춘삼월에 중순이 되었건만
마음은 한겨울이다
한순간에 없어지고
한순간에 생겨나는 중소기업
나랏법에 휘둘리는
힘없는 백성들의
암행어사는 과연 어디서
달려오려나

자꾸만 땅겨

지금 시간이 밤 열 한시
우짜끼나
바빠서 못 먹었던 간식이
지금 이 시간에
잠은 안 오고 먹고 싶은 욕망이
겨우 눈곱만큼 빼 논 뱃살이
가다가 돌아오겠네

천 직 – 교복인생

평생을 교복하며
살아온 나
내일지나 월요일부터
전쟁이다
손님과의 전쟁 경쟁사와의 전쟁
순식간에 교복시즌이
지나가면
준비 잘함과 허술함이
고스란히 묻어나는 교복업
근성이 없으면 힘든 직업이지만
반세기를 오직 한길 인생
후회 없이 최선을 다해 달려왔다
왠지 퇴색되어 가는 가녀림의
몸짓들이 이젠 마무리 해야 하지 않을까?
3년 후?
5년 후? 그렇게 서서히 정리하자
사업은 영원한 게 없으니
내 능력껏 올라가 봤으니 이젠
다리 아프지 않게 슬슬 내려가련다.

육팔 소녀의 일기

끈을 잡고 있으니
너무 아프다

끈을 놓자니
삶에 낙이 없겠고

그러나 꼬맹이 손님들이
고통을 밀물처럼 쓸어가 버리고

아이고야
우짜겠노 내일 아침엔 일곱 시 출근이다

외 돌 개

아무도 없는 바닷가에
성난 파도를 보며 저 여인은
무슨 생각에 일어설 줄을 모르나
고깃배와 같이 돌아오지 않는
지아비를 하염없이 기다리며
허우룩이 앉아있는 여인이여
남몰래 흘린 눈물은
바가지로 열은 되리라
꼭 돌아오소서 낭군이시여!

망막의 세월

내가 살아온 세월의
어느 순간이 여기였을까
내리는 눈 때문에 한 치 앞을 모르고
저 숲속에서 무한히 길을 잃어
헤맸으리라
주저앉아 따뜻한 햇볕 나오기를
혹은 보이지 않는 오두막을 찾아
가시넝쿨 희비 파고 걸어 나왔을까

새벽 세 시의 나

푹
자고 나니 새벽 세 시
오늘에 숙제는 뭐였을까
아니 어제였었지
세 켤레에 신발 중 내 발에 맞는
꽃신
남다른 발 모양 평발이
딱 맞을 것 같은 네가
또 다른 나...
아님 내 안에 나...
평생 나를 모셔야 할 너이기에
내 안에 나 또 다른 너로 지명한다.

부탄여행

전생에 형제였던가
스스럼없이 찾아 들어간
어쩌면 먼 기억이
발길을 이곳으로 찾아들었을까
말도 통하지 않고
그냥 눈웃음으로 맞이하는
그들 옆에서 주저 없이 앉아서
한 식구인 양 포즈를 취한다
이제 또 어느 세계에서
만날 수 있을까
전생의 형제들이여
후생에 부모가 되어 또 만나기를.

울 어머니

오늘 아침 요양원 두 곳을
방문했다 울 엄마 계시던
요양원이 투석 병원으로 간판이
바뀌는 바람에 이사를 해야 할 상황
큰집에 계시다 작은 집으로
가시면 갑갑하다 하시려나
하지만 작은 요양원이 안정감이
있어 보여 예약을 하고 돌아오는데
구십하고도 중간쯤에 나이를
드신 울 어머니 혹시라도
주위환경이 바뀌어 놀라지 마시고
잘 적응하셔서 백수 누리옵소서.

[비로소 눈물이 달콤하다 3]
박희자 투병 에세이

지은이 | 박희자
펴낸이 | 백태현
기 획 | 강건 문화사
디자인 | GG 컴퍼니
발행처 | 도서출판 강건
발 행 | 2020 년 10 월 27 일
주 소 | 서울 광진구 자양로 126 성지하이츠 910
전 화 | 02-2208-1555
이메일 | bth8135@naver.com
출판사등록 | 2017.03.15.(제 2017-12 호)

ISBN | 979-11-89264-42-0

www.gcn.news 공식 홍보처 강건문화뉴스
mc060.mysoho.com 공식 도서 구입처

인 쇄 | 진포인쇄
주 소 | 전북 군산시 팔마로 4
전 화 | 063)471-1318

정가 16,000 원

ⓒ 비로소 눈물이 달콤하다 3
본 책은 강건 출판사의 지적 재산으로서 무단 전재와 복제를 금합니다.

창작 문화를 선도하는
문예 콘텐츠 강건문화뉴스

[도서출판 강건]에서는 여러분들께
소량의 출판과 저렴한 비용으로 퀄리티 있는 책을
만들어 드리기 위해 노력을 다하고 있습니다.

• 홈피 — www.gcn.news
• 메일 — bth8135@daum.net
• 도서 구입처 — mc060.mysoho.com (GG 쇼핑)
• 상담문의 — 010 5300 1555